님이 오시는지

세계 속의 한국 노래·시
Korean songs and poems in the world
박문호 시집
Poems of Park Moon-ho

님이 오시는지
세계 속의 한국 노래·시 박문호 시집

초판 1쇄 발행 2023년 8월 18일

지은이 박문호
펴낸이 장길수
펴낸곳 지식과감성#
출판등록 제2012-000081호

교정 주경민
디자인 서혜인
편집 서혜인, 정한나
검수 이주연, 윤혜성
마케팅 김윤길

주소 서울시 금천구 벚꽃로298 대륭포스트타워6차 1212호
전화 070-4651-3730~4
팩스 070-4325-7006
이메일 ksbookup@naver.com
홈페이지 www.knsbookup.com

ISBN 979-11-392-1250-1(03810)
값 12,000원

- 이 책의 판권은 지은이에게 있습니다.
- 이 책 내용의 전부 또는 일부를 재사용하려면 반드시 지은이의 서면 동의를 받아야 합니다.
- 잘못된 책은 구입하신 곳에서 바꾸어 드립니다.

지식과감성#
홈페이지 바로가기

님이 오시는지

박문호 시집

세계 속의 한국 노래·시
Korean songs and poems in the world
박문호 시집
Poems of Park Moon-ho

지식과감성#

시인의 말

나는 이 세상에 태어나
고달픈 삶을 마주하였지만
꽃과 나무를 사랑하였고
당신의 눈빛을 사랑했습니다.

차례

시인의 말

님이 오시는지 | 10
님이여 그때만을 | 12
세월은 가도 | 14
발길을 | 16
통로에서 | 18
별님에게 | 21
사랑을 | 22
님에게 | 24
너만을 | 25
폐원에서 | 26
은성에서 | 28
엇갈리는 마음 | 30

둘만의 것 | 32
죽음과 삶 | 34
꽃송이를 | 36
주택 907호 | 39
길 | 40
기도 | 42
식탁 | 43
님의 숨결 | 44
TEA ROOM DAEJI에서 | 46
아버님의 무덤 | 48
축배 | 50
명동 | 52

마음 | 54

저 별이 빛날 때 | 56

생각 | 57

종묘에서 | 58

꿈 | 60

울 수밖에 | 61

모두들 가는데 | 62

그리운 땅에1 | 64

그리운 땅에2 | 66

아는가 | 68

나비 | 70

꽃1 | 72

가을인데 | 74

바람 | 76

별들 | 78

가을 하늘 | 81

나의 가슴에 불을 질러 놓고 | 82

어두운 세상에도 | 84

홀로 가야만 하나 | 86

가을 하늘에게 | 88

그대뿐인데 | 90

내 영혼은 | 92

떠나가는 것을 위해 | 93

흰 꽃1 | 94

님과 대화는 끊기고 | 96
나무와 별 | 97
흰 꽃과 여자 | 98
나와의 가을 | 100
흰 꽃2 | 101
둘이는 | 102
옛집 | 104
꽃2 | 106
둘이서 | 108
회상의 곡 | 109
불꽃놀이 | 110
너로 인해 | 113

새라면 | 114
땅 위에서 | 116
꽃을 보았다 | 117
겨울 속에 눈이 있고 눈 속에 겨울이 산다 | 118
마음으로 | 120

끝맺음

님이 오시는지

물망초 꿈꾸는 강가를 돌아
달빛 먼 길 님이 오시는가
갈숲에 이는 바람 그대 발자췰까
흐르는 물소리 님의 노래인가
내 맘은 외로워 한없이 떠돌고
새벽이 오려는지 바람만 차오네

백합화 꿈꾸는 들녘을 지나
달빛 먼 길 내 님이 오시는가
풀물에 베인 치마 끌고 오는 소리
꽃향기 헤치고 님이 오시는가
내 맘은 떨리어 끝없이 헤매고
새벽이 오려는지 바람이 이네
바람이 이네

* 1966년 박문호 작시 김규환 작곡
　한국의 대표 국민 가곡

님이여 그때만을

세상일이 뜬구름 덧없다 해도
세월이 끝없이 길다 해도
님이여 그때만을 님이여 그때만을

세상일이 뜬구름 덧없다 해도
세월이 끝없이 길다 해도
님이여 그 삶만은 외롭고 쓸쓸하오
쓸쓸하오

부르신 노래 메아리 되어 메아리로 들려오는 듯
석양 비친 산 고개 소나무에 기대앉아 눈 감으니
부르신 노래 메아리 되어 메아리로 들려오는 듯
석양 비친 산 고개 소나무에 기대앉아 눈 감으니
풀빛 옷차림에 웃음 띤 얼굴이 떠오릅니다
이 덧없다 해도 지나가고 그때를 내 맘에
그때를 내 맘에 안고 삽니다

* 현대 가곡 박문호 작시 정환호 작곡
　소프라노 손지수 〈님이여 그때만을〉 앨범 발매

세월은 가도

세월이 가면은 잊는다지만
아 세월이 가면은 잊는다지만
님은 가슴속 살아 있는 가련한 별
말이 없을지라도 슬픔은 컸구나
둘이서 걷던 산길가에
핀 꽃도 빛이 없구나

세월이 가면은 잊는다지만
아 세월이 가면은 잊는다지만
님은 혼의 물결 비치는 영원한 별
울지는 않을지라도 슬픔은 컸구나
둘이서 걷던 산길가에
핀 꽃도 빛이 없구나

* 1966년 박문호 작시 이흥렬 작곡
　한국의 고전 가곡

발길을

세상에 기대여 살던 내 모든 것
끊고 살여 하옵기에 이제라도 아 이제라도
온갖 빛을 이끄시는 당신의 곁으로
발길을 돌리려 하나니이다

세상에 헛된 꿈 미리 깨였던들
무어 그리 서운할 건 없으련만
파랗게 개인 허공에 덧없이 솟아나는
구름 조각

끊긴 듯 끊어지지 않았던가 한오리 정의 불꽃[1]
새삼 너를 탓할 내않이어든[2]
말없이 가라 얼룩진 운명의 날들이여
내 이제 아 이제라도 총총히
앞으로 당신의 발길을 옮기려 하나니

---
[1] 끊긴 듯 끊어지지 않았던가 하나의 정의 불꽃
[2] 새삼 너를 탓할 내가 아니거든

통로에서

굳게 닫힌 님의 문을 열고
그의 통로 위로 걷고 있을 때
님은 푸른 별의 꿈을 잉태한 그윽한
눈빛으로 내게로 다가오셨읍니다

이윽고 님은 한 작은 씨앗을
내게 보이시면서
사랑이 그 안에 사랑이 영근다시며

속삭이듯 나직한 목소리로
내게 일러 주셨읍니다

님은 그 씨의 찬란한 성장을
기다리는 그의 통로에서
또다시 나를 맞을 것이라 하시였읍니다

"종로에서"

굳게 닫힌 남이 문을 열고
그의 종로 위로 걷고 있을때
남은, 푸른 빛이 문을 맺게한 그윽한
눈빛으로 내게로 다가 오셨습니다

이윽고 남은 한 장의 새잎을
내게 보이시면서
사랑이 그 안에 영근 다시며   사랑이 영근 다시며

속삭이듯 나직한 목소리로
내게 열어 주셨습니다

남은, 그 새의 찬란한 비장을
기다리는 그의 종로에서
사랑 맺는 것이라 하여 넣었습니다

하여서   음

별님에게

너무나 많은 슬픈 얘기가 들려오는
죄지은 땅 위를 지켜보시는 당신은
울고 계시온 듯 오늘 밤은 유난히 빛나 보입니다

죄의 값으로 더럽혀진 땅이라지만
당신과 나의 영원한 대화를 이루려는
유월 백합화 꽃 향이 짙은 찬란한 밤입니다

사랑을

당신께서 사랑은 헤아릴 수 없는 것이라 하옵기에
그저 사랑하게 되어 온 것을 당신의 은혜로
감사드리옵니다

그러나 사랑은 사랑해야만이 더욱 아름다워지는 것이다
하옵기에 묵묵히 사랑하겠나이다
마지막 남기신 당신의 말씀
사랑은 사랑함으로써 목숨마저 주는 것이라 하옵기에
그러한 사랑으로 트인 길을 걸어갑니다

님에게

그대 언제나 마음속에
꽃처럼 피여나는 고요한 불길이여

어둡고 험한 길 위에 비치는
사랑의 눈빛이여 그대 영원한 별이여

너만을

이 크나큰 슬픔을 무슨 힘으로
막아 내야 하는가

내년 또 내년이 몇몇 번 겹친
기나긴 세월이 나를 괴롭힐지라도

나는 너만을 믿으리라
오직 너만을

폐원에서

해묵혀 둔 꽃밭에 잡초와
가시넝쿨이 키를 넘는데

이 쓸쓸한 뜰 안에 선
님이여, 당신의 고운 손길로
씨를 뿌려 주세요

가시넝쿨이 서 있든 그 자리에
생명의 꽃을 가꾸소서

은성에서

보랏빛 윗도리에 하늘색 바지를 걸친
언제나 슬픔으로 일그러져 가는 설핏한 얼굴

오직 내일만을 믿고 사는 이 사내와
거기 마주 앉은 오롯한 눈빛의 그녀도 말은 없어

취기 어린 사내와 계집들이 마구 뿜어 대는
담배 연기

봄비는 이 집 안에 단둘만은 처음부터 그저 묵묵히
그녀는 나에게 잔만을 권하고 나는
그녀의 모습을 지키고 앉아 있다

엇갈리는 마음

봄날 구름 위에 높이 솟아 지절대는 종달새의
노래를 들은 이가 사랑의 기쁨만을 느끼는

바로 그 순간

허나 가을밤 잎 지는 소리를 듣는 이는
빛바래 가는 사랑의 허무를 탄식하리니

보라 같은 계절의 흐름 속에서도
이같이 엇갈리는 마음을 지니고 있거니

소리처 운단들 타고난 인생의 일이러니
엇갈리는 마음을 잡아 무엇 하리
흘러가는 물결 위에 떠내려가는
나뭇잎 같은 인생이러니

둘만의 것

아무도 말하지 말라
그들도 미처 모르는 그들의 일인데
사람인 네가 어찌 말하려 드는가
둘만의 일은
그들의 하나님만이 알고 계시나니

말하지 말라 그들도 다는 알지 못하는
그들의 일인데

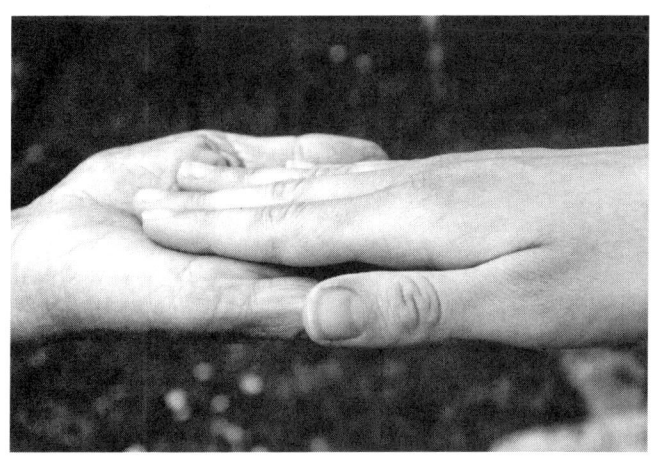

죽음과 삶

그곳에 가 본 이가 누구인가
너와 나 아무 누구도 거기에 가 본 사람은 없다

그러나 여기에 살고 있는 사람들은
한 사람도
거기에 가는 것을 거역하거나 더욱 지체시킬 수 없다는
사실만은 알고 있다

우리들의 삶은
피었다 스러지는 구름의 한순간

절대 무한의 그곳으로 가는 행렬 속에
끼어들기 전 어느 한순간에 불과하다

꽃송이를

티 없이 맑게 웃으시면서 당신의 고운
마음을
전하시는 한 떨기 꽃송이를 나에게 주시던 날

이 정결한 생명의 꽃송이를 안아 보는
벅찬 기쁨으로 가슴속은 왼통 눈물이 번지어
차마 무어라
당신께 드리올 말조차 잃어버리고 말았습니다

* 사랑하는 여인을 회상하며 시인이 그린 작품

* 1969년 볼펜으로 시인이 그린 그림

주택 907호

네게로 돌아오는 길 위에 비가 내린다
신을 넘는 진흙물이 수렁이 되어 가는 그 길을
휘정휘정 네게로 돌아가는 나를 아는가

발자국마다 엉겨 붙는 진흙같이
무겁게 매달린 마음
907호 네게로 돌아가는 길 위에 비가 오는데
휘정휘정 내게로 돌아가는 진흙 붙은 무거운 발길

길

길이라 하옵기엔 너무나 험한 이 세상을 안
어둠으로 가려진 비바람 치는 세월의 저편 언덕

거룩한 이여, 당신이 거르라시든 그 길이[3]
이제사 막 떠오르는 햇살의 눈부신 빛을 받아
내 안에 환히 트여 옵니다

---
3) 거룩한 이여, 당신이 걸으라고 하시던 그 길이

헛된 꿈을 밟고 살아온 덧없는 그리움을 일깨워
주옵니다

거룩한 이여, 아 당신은 그 길 위로 찬란한
빛을 발하는 옷깃을 나부끼시며 조용히
걷고 계십니다

기도

잃어버린 님의 모습이 속죄의 눈물 속에 비칩니다
거기 고요히 떠오릅니다

하늘보다 높고 넓으신 은혜
아 영원한 사랑이 핏줄에 스며 옵니다

가슴이 별도록 뜨거운 당신의 사랑을[4]
이제사 느끼옵니다

---
4) 가슴이 쓰라리도록 뜨거운 당신의 사랑을

식탁

이 가난한 식탁을 둘러싸고 앉은
얼굴들 속에
아내여, 너만은 없구나
모두들 돌아와 있는데

님의 숨결

누가 우주를 크다 했든가
어느 누가 허공을 널다 하든가[5]

우주를 포용하시는 허공의 저 넓이로도
견주지는 못하는 그 사랑의 넉넉하심을

---
5) 어느 누가 허공을 넓다고 하던가

귀먹은 마음을 가진 이는 모르리라
보고도 보지 못하는 이여

오직 마음으로 마음을 본 이만이
님의 숨결을 듣고 있으리니

TEA ROOM DAEJI에서

전화의 벨이 사랑을
부르고 찾기에 바쁜

이 집에 음악과 차와 꽃과
사랑이 있다

여긴 만나는 기쁨과
헤어지는 서운함이
엇갈리는 마음의 교차로

이 속엔 둘이의 마음을 묶는
끈 같은 보이지 않는 손이 있다

아버님의 무덤

그렇게 지극하신 당신의 은혜도 잊은 듯
곁에서 섬기지 못한
아, 단 한 번도 마음먹고 뫼시지 못한
이 죄 많은 자식을
아버님, 당신은 오히려 사랑으로 용서하시고

끝내는 그토록 쓸쓸히 운명의 때를
맞아야 했던 그날, 그 밤, 그 모습이 어제 같아온데

산새도 외로와 깃들지 않는 후무진 길섶에[6]
밤별을 벗 삼아 외로이 누워 계시다니
자식을 두신 보람도 없이

[6) 산새도 외로워 깃들지 않는 후미진 길섶에

축배

고요히 고요히 밤이 찾아오는데
눈송이가 내리어 창가에 쌓여 오는데

난, 영광의 승리자 당신을 위해

눈같이 정결한 마음으로
내게 주신 금빛 황홀한 잔을 드옵니다

지난날은 어둡고 서러운 일뿐
오직 당신의 승리만을 믿는 까닭에
이 잔을 높이 들고 당신의 앞으로 나갑니다

명동

인어처럼 거리를 휘감고 도는
계집들이
이상한 몸짓으로 눈으로 사내를 홀리는

이 거리에 밤이 오면 어지런 음향이
울려 퍼지고 네온의 불빛이 잠에서 깨여날 때

사내들은 떼 지어 여기에 몰려든다
당신의 고독을 사겠다는 계집들이

썩어 가는 몸뚱아리를 낚싯밥 삼아
발끝을 벌리는
이 거리를 누가 명동이라 불렀든가

밝을 줄 모르는 이 거리를

마음

바위같이 굳은 마음이라 믿지를 말라
바위란들 깎기면
모래 되어 산산이 무너지고 말 것을

바위가 깎기여 모래알 되고
모래가 흙이 되어 버려도
흔들리지 않는 삶은 어디에 있든가

변하고 변치 않는 두 갈래 마음
모두 다 너의 것
흔들리지 않는 삶은 어디에 있기에

저 별이 빛날 때

너와 나의 꿈을 묻은 모래밭 언덕에
오늘 밤 저 별이 빛날 때

백합꽃 향기 그윽한
내 사랑의 배를 보내려니

오라 님이여, 별빛 아래 고요한
물결 따라 그 배에 오라 저 별이 빛날 때

생각

못물　　……　　못물
달빛　　……　　달빛
꽃　　　……　　꽃
나무 그림자　……　나무 그림자
간 사람　……　　간 사람

종묘에서

벤치에 앉으면 시름 많은 생각은
나무숲에 이는 바람이 씻어 가고

긴 여름 해도 힘들이지 않고 넘길 수 있는

이 뜰 안에 저녁노을이 빗기면
고목마다 찾아 드는 지저기는 새소리

운명을 점치는 밤별이
연꽃의 꿈이 피어나는 못물 위에 비칠 때
인적이 없는 길 위에 둘만의 발자욱 소리

꿈

어제도 오늘도 다 꿈인데
사는 일도 세상도 다 꿈속인데

나고 죽어 감이 다 꿈인데
눈을 감아도 눈을 떠 보아도 다 꿈속인데

누가 말하든가 사는 것이 참이라고
꿈속에 참이 있다고

울 수밖에

울 수밖에 없는 오늘이언만
울지는 말고 살아야지 또 내일
내일이 없다 해도

울 수밖에 없는 오늘이언만
울지는 말고 살아야지

모두들 가는데

네가 가는데 낸들 남으랴
너도 가고 나도 가는 것

여기 잠시 벌어진 노리터에 찾어든[7]
나그네인데 행장을 차리는 길손인데

---
7) 여기 잠시 벌어진 놀이터에 찾아든

누가 알런가 앞에 가고 뒤에 떠날 이를
모두들 가는데 가야만 하는데
아 그 길이 무엇인지를 그 길이 어디인지를

마음으로 본 이가 누구이던가
진정 그 길을 아는 이가 누구이던가

그리운 땅에 1

땅 위에 엎드려 님들은 웁니다
남과 북 돌아갈 길 없는
끊기여 갈라진 삼천리강토

지금은 두고 온 그리움 속에
세월이 가고 그 님을 기다리는
강나루엔 철교만 외로이 섰구나

물새도 외로워 깃들지 않는
강가에 물 위에 해가 지면
눈물 어린 달님이 찾아옵니다

그 님의 얼굴이 떠오릅니다

그리운 땅에 2

땅 위에 엎드려 님들은 웁니다
구름은 산을 넘어 흘러가는데
남과 북 오고 갈 길만은 없구나
끊기여 갈라진 그리운 강산
아 우리의 아름다운 강토 삼천리

지금은 두고 온 그리움 속에 세월만 가고
물새도 오지 않는 강가엔 님들의 기약만 남았구나
물 위에 비친 달님도 우는
아 그리운 땅 남북 삼천리
아름다운 우리의 강토

아는가

네가 누구인가를 알아야 한다
철 따라 갈아입는 옷차림 속에
머얼리 머얼리 밀려가는 인생의 발자취[8]

거울에 비친 네 얼굴과 몸매에 변해 감을…
네가 어디로 가고 있는가를 아는가

---
8) 멀리 멀리 밀려가는 인생의 발자취

때가 다하면 저 망망한 공간에 마지막 원을
그으며, 쓸쓸히 떨어지는 나뭇잎처럼

네게도 그날이 오리라
모두들 자연으로 돌아가는 그날의
바로 그날의, 네가 누구인가를 아는가

나비

님이여, 간 얇은 나래를 파닥이며
당신이 공들여 가꾸신 그 꽃밭을
찾아 날아가는
한 마리의 나비

바람의 손아귀에 잡혀 찢길 뻔한
연둣빛 어린 날개
때로, 세찬 빗줄기에 무게로 지칠 뻔도 했던
내 어린 영혼의 슬픈 몸놀림

님이여, 당신이 가꾸신 그 꽃밭에서
놀란 가슴을 쉬려 하오

꽃1

네 염원의 하늘 아래
피여나지 못할진대
꽃이여, 차라리 피기를 거부하라
여기가 못다 필 메마른 땅이라면, 거기에
피지를 말라
찬란한 개화의 문을 열기도 전에
병든 네 얼굴을 보이지 말라

네 염원의 땅 위에
피여나지 못할진대
꽃이여, 차라리 피기를 거부하라
여기가 못다 필 눈물의 땅이라면 거기에
피지를 말라
찬란한 개화의 문을 열기도 전에
병든 네 얼굴을 보이지 말라

꽃이여, 차라리 피기를 거부하라
티끌이 날리는 이 세상에
피지를 말라 네 영혼의 순결만은 영원하리라

가을인데

가슴 가득히 고이는 그리운 마음속에
끝없는 사랑이 물결처 오는 가을인데
달 밝은 강 언덕에 나 홀로 부르는
애달픈 노래 아— 덧없는 세월만 간다

가슴 가득히 고이는 그리운 마음속에
영원한 사랑이 메아리치는 가을인데
물소리 차오는 강 언덕에 눈물로 부르는
애달픈 노래 아— 덧없는 세월만 간다

바람

가을바람 들바람
논밭에 곡식이 익네

가을바람 강바람
고기 살찌네

가을바람 산바람
산에는 단풍이 드네

가을바람 산들바람
님이 돌아오네

별들

별들을 보라
적은 별은 적은 빛 큰 별은 큰 빛을

제각기 제자리를 지키며
저 무궁한 공간에 빛을 토하고 있지 않은가
다 그 나름대로,

사람들이여
크고 적고 많다 함이
자랑도 허물도 않이겠거늘[9]
큰 것은 크게 채워지고
적은 것은 적게 채워져 있느니

다 타고난 바탕대로 살어감이 옳겠거늘
사람들이여, 결코 슬프다 말고
넘어졌든 땅을 딛고 일어서
저 별들을 보라

---

9) 자랑도 허물도 아니겠거늘

"별들" 1967. 9.21

별들을 보라
작은 별은 작은 빛, 큰별은 큰 빛을

제각기 제자리를 지키며   저
무중한 공간에 빛을 도하로 있지않은가
다. 그나름대로,

사람들이여
크고 작은 많대한 이
자랑도 허물도 양이겠거늘 큰것은 크게
채워지고 작은것은 적게채워져 있느니

다 타고난 바탕대로 살아감이 옳렸거늘
사람들이여, 결코 슬프다 않고
내비젔든 땅을 닫고 앉아서
저 별들을 보라.

가을 하늘

님이여, 당신을
높다란 하늘처럼 우러러봅니다

당신은 언제나 가을 하늘빛처럼 푸르게 계시옵소서

님이여, 그리고 당신을
가을 하늘빛같이 고운 마음으로 모시렵니다
님이여, 아 당신을

나의 가슴에 불을 질러 놓고

떠나간 사람을 위해 온갖 것 다 넘어서
오직 내 오늘 밤은 한 가닥 촛불 밑에서
그만은 경건히 기도하리라

오직 그만을 위해서

어두운 세상에도

햇빛이 가려진 어두운
이 세상길에도
축복은 있다

가슴속에 묻어 둔 영원한 꽃
햇빛이 숨어 버린 땅 위에
사랑의 꽃이 피여난다

달빛이 가려진 어두운
이 세상길에도
축복은 있다

가슴속에 묻어 둔 영원한 꽃
달빛이 숨어 버린 땅 위에
사랑의 꽃이 피여난다

홀로 가야만 하나

하늘과 땅에
엎드려 맹서한
사랑을 잊었는가
님이여, 당신은 어디에 계시온지
둘이서 걸으려든
그 길인데
나만 홀로이 걸어야 하나

죽음도 넘어서
똑같이 가려든
사랑의 맹서
님이여, 당신은 어디에 계시온지
둘이서 걸으려든
그 길인데
나만 홀로 가야만 하나

가을 하늘에게

너무 깊고 맑은
푸름을 형용할 말,
말은 스스로 막히고

다만
마음만으로 느껴 보는
맑고 푸른빛에 신비한 물결

내, 너와 더불어
타오르는 번뇌를 씻고
미움으로 떠는
마음 맑히여

한세상 다만
사랑만으로 살다 가리라 너의
고요 속으로 돌아가리라

그대뿐인데

쓸쓸한 세상
날 사랑한 사람은 그대뿐인데
아, 그대뿐인데 지금은 어디에 가고
그리운 정만이 하늘 끝에 사무쳐
사랑을 묻어 둔 가슴은 애달파도
사랑을 묻어 둔 마음은 슬퍼도
그대만을 기다릴게요 별빛이 숨어 버린
어두운 세상길에서

허무한 세상
날 사랑한 사람은 그대였는데
아, 그대였는데 지금은 어디에 가고
보곺은 정만이 땅끝에 사무처[10]
사랑을 묻어 둔 가슴은 애달파도
사랑을 묻어 둔 마음은 울어도
그대만을 기다릴게요 햇빛이 가려진
어두운 세상길에서

---

10) 보고픈 정만이 땅끝에 사무쳐

내 영혼은

내 영혼은 발길이 닿지 않는
산골짜기에 파란 꽃처럼
거기 외롭게 피었다 지는 것일까
아아, 내 영혼은

떠나가는 것을 위해

마지막 나뭇잎이 질 때

마지막 구름이 스러질 때

마지막 불꽃이 꺼지려 할 때

마지막 목숨이 멈추려 할 때

아아, 너는 무엇을 생각해 낼 수 있는가
무엇을 생각해 낼 수 있는가

흰 꽃1

그 빛을 생명의 뿌리로 삼는대서
하얀 꽃과 겨울눈은
서로의 바탕은 다르나
지닌 뜻만은 같다

티끌이 날려 오는
세상길 위에 홀로 핀
외로운 넋
너 흰 꽃이여

마르지 않는
샘물처럼 스스로의
빛 속에 머물러
영원히 피어 있어라

서로의 영혼의 동반자여

하늘엔 별이
더럽혀진 땅이라지만
여긴 네가 있어야 한다

님과의 대화는 끊기고

한세상 백 년이 고작이라
어쩌다 감아 두고 풀어 보지 못하든가
백 년이 겹쳐도 정은 남고, 가는 세월
애닯거늘

숨결이 닿을 듯 지척에 계시온 님
강하가 막혔단들 이리도 멀까
아득타 님 계신 곳 멀기만 해라

나무와 별

나는 한 그루 나무요
당신은 내게 깃들은 한 마리 새였소

태양은 이 나무에 따뜻한 빛을
보내왔고
맑고 시원한 바람은
당신과 나를 즐거운 노래와
아름다운 꿈을 갖게 했소

흰 꽃과 여자

흰 꽃의 생명은 그 타고난
빛깔 속에 살아서 넘쳐 있나니

겨눌 데 없더라, 그 높은 향기 어디에
사라지고
시들은 너의 모습
빛바랬구나
가엽도다 순결의 뜻을 죽인 벌레 먹힌 꽃송이

여자여 너 한 송이 흰 꽃이여
추하고 어지러운 지난날을 불사르라
더럽혀진 피를 씻는 것은 눈물뿐
여자여, 아직 너의 눈물만은 하늘에서
내리는 이슬같이 맑게 빛남이여
여자여 네 잠들은 영혼을 눈물로 맑히라

나와의 가을

태양을 배반하고 돌아선 변심한
해바라기가 일그러져 가는 모양으로
아직 버티고 서 있는데

국화야 벌써 네가 왔구나

흰 꽃2

하얀 눈과 너는 사랑하는
오누이 같은 그런 사이일 게다

그 모양은 보기엔 다르나
하늘이 주신 바탕은 같다

티끌이 날리는 더럽혀진
땅 위에서 저 멀리서 빛을 토하는
별빛과 견줄 수 있는 너
한 송이 흰 꽃

둘이는

하늘에 해와 달처럼
물에 노는 물고기처럼

님이여, 너와 나는
오직 사랑하는 까닭에

그곳을 떠나서 살아가지 못하는
저들처럼
둘이는 떨어져 살지 못하나니
오, 별빛처럼 영원하리라

옛집

내가 살던 옛집에 와 보니
돌아가신 아버님의 생각이
떠오릅니다

뒷동의 바람은 나뭇가지에
가벼이 스쳐 가고

풀벌레 소리 정다워도
지금은 뵈올 수 없는
아버님이 그립습니다

꽃2

은하의 물빛
오, 이 찬란한 꽃
옥보다 깨끗하고
이슬보다 맑은 그 순결함
비할 곳 없네

티끌이 날려 오는 세상에
피기를 스스로 거부하고 돌아선 마음
뉘라서 알런가

높고 곧은 뜻은 하늘에 다다르고
맑은 향기 온 우주를 감싸 오네

둘이서

너와 더불어 걷던 길은
너와 더불어 속삭인 사랑은
너와 더불어 아, 너와 더불어

회상의 곡

멜로디, 멜로디
지금은 너도 울고
나도 운다
꽃도 별도 눈물뿐

불꽃놀이

종이로 겹어서 만든 꽃이
생명이 깃들지 않었드시[11]

우리 모두 살아서 꿈틀거리는 목숨마다
그 가슴마다 불꽃을 심게 하라
그날의 물결치든 기쁨을 오게 하라

---

[11] 종이로 접어서 만든 꽃이 생명이 깃들지 않았듯이

축제의 불꽃이 피는 하늘을 보지 않아도
그날이 오면 살아 있는 자
저마다의 가슴속에 뜨겁게 피어나는

불꽃을 알게 하라
그 기쁨을 안고 살아서 꿈틀거리는
스스로의 존재를 느끼게 하라

{送賦節에 춤을 맞춘}
　　　　"불꽃 놀이 "　　　　　1966. 8.15 밤
종이로　접어서 만든 꽃이　생명이
가볍지　않았도시

우리 모두 살아서 꿈틀거리는　목숨마다
그 가슴마다　불꽃을 심게하리
八‧一五　그날의 물결치던　기쁨을 느끼하리

육체의　불꽃이 되는　하늘을 보지않아도
그날이 되면　살아있는자
저마다의　가슴속에　뜨겁게 피어나는

불꽃을　안게하리
그 기쁨을 안고　살아서 꿈틀거리는
스스로의　존재를　느끼게하리

너로 인해

너로 인해 사랑을 알고

너로 인해 눈물을 알고

너로 인해 허무를 알고

너로 인해 절망을 알고

너로 인해 죄를 알고

너로 인해 인생을 알고

새라면

밤과 낮으로 날고 또 날아
이 눈물로 얼룩진 땅을 지나
먼 하늘을 나르리라

사랑을 기록할 손을 멈추고 차라리
울어야만 하는 비탄의 땅을 지나
이 세상 어딘가 피어 있을
나의 꽃나무를 찾아 쉬리라
햇살이 쏟아지고 맑은 공기가 있는
그곳에서

땅 위에서

이 땅에서 살다가
이 땅에서 숨질 때

저 높고 푸르름 속에
묻히여 간다는 것이
얼마나 큰 축복이냐

꽃을 보았다

꽃을 보았다
안 보았다 할 수 없고
보았다 할 수 없다
생명을 나타내고 있는
꽃이여 영원하라

겨울 속에 눈이 있고 눈 속에 겨울이 산다

겨울에 내리는 눈은 차고
희지 않은 것이 있으랴

눈은 차고 눈이 부시도록
흰 것

겨울에 내리는 눈이 흰빛
아닌 또 다른 것이 있던가
눈은 차고 하얀빛인 것을

겨울에 내리는 눈
그건 차고도 흰빛

흰빛 아닌 눈이 겨울에
내릴 순 없다

마음으로

모양과 소리로써
나를 보고 듣는 이

나를 보지 못하고

마음으로써
나를 보고 듣는 이

그만이 나를 보게 된다

끝맺음

박문호(1923년 1월 26일~1981년 2월 14일)
한국의 사상가이자 시인, 한의사다.

이력

- 1966년 한국의 국민 가곡 〈님이 오시는지〉를 비롯한 〈님이여 그때만을〉, 〈세월은 가도〉를 작시
- 〈님이 오시는지〉 중·고등학교 음악 교과서 수록
- 국가 행사 4·19민주화운동, 6·6현충일, 8·15광복절 추모곡 연주
- 박정희 전 대통령 43주기 경북 구미 생가에서 추모곡 연주
- 문재인 전 대통령 주최 카자흐스탄 유해 봉환식 군악대 〈님이 오시는지〉 연주
- 세계 정상의 음악가들의 애창곡
- 국내 음악가들의 애창곡
- 세계 정상의 미국 소프라노 바바라 보니 앨범 발매
- 세계 정상의 한국 소프라노 조수미 앨범 발매
- 세계 정상의 이탈리아 실내악 그룹 이무지치 앨범 발매
- 세계적 바이올리니스트 세르게이 트로파노프 내한 공연에서 가창 및 연주 CD발매
- 서울대 사대 합창단 단가

* 한국의 양심 함석헌 씨와 시인의 집에서 찍은 사진

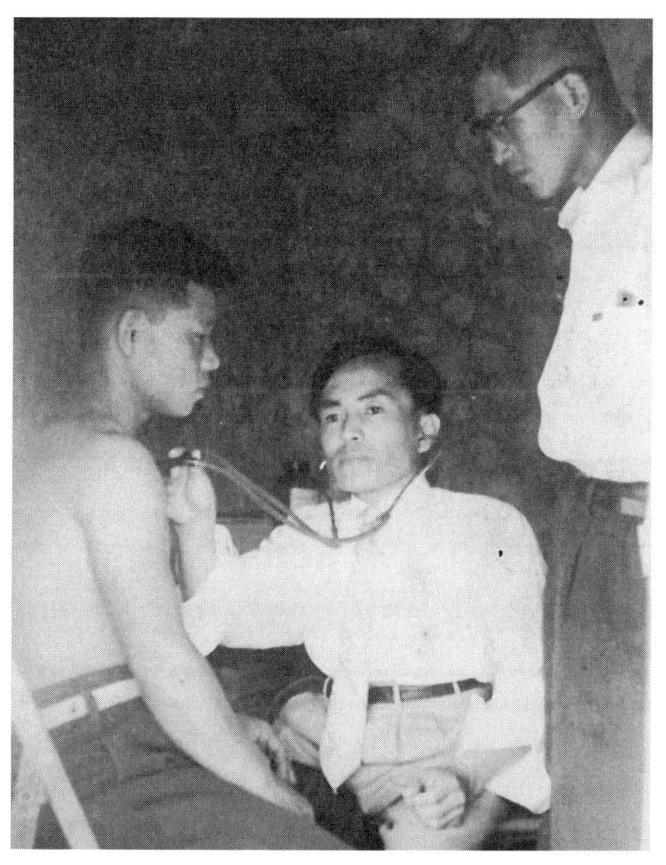

* 1960년 개업의 환자를 진료하는 사진

* 1985년경 김규환 작곡가와 시인의 아들과 처음 만난 자리에서 찍은 사진

* 1960년경 당대 최고의 작곡가 이흥렬 씨와 함께 찍은 사진

님이 오시는지
Will You Draw Near
nimi osineunji
[nimi oɕinɯnd i]

물망초 꿈꾸는 강가를 돌아
달빛 먼 길 님이 오시는가
갈숲에 이는 바람 그대 발자췬가
흐르는 물소리 님의 노래인가
내 맘은 외로움 한없이 떠돌고
새벽이 오려는지 바람이 차오네

박함차 꿈꾸는 들녘을 지나
달빛 먼 길 내 님이 오시는가
풀물에 내인 치마 끌고 오는 소리
꽃향기 헤치고 님이 오시는가
내 맘은 떨리어 끝없이 헤매고
새벽이 오려는지 바람이 이네
바람이 이네

박 문 호
PARK, Mun Ho

Moderato

Along the river shore dreaming of forget-me-nots
Are you drawing near on a distant moonlit path?
Is the wind through the forest of reeds your footsteps?
Is the sound of flowing water your song?
My heart is alone, adrift incessantly
The wind is cold, will the dawn break.

Passing through a field dreaming of lilies
Are you drawing near my Dear on a distant moonlit path?
The sound of your skirt dyed wet trailing through the grass
Will you part the scent of flowers on your way?
My heart trembles, roaming endlessly
The wind wafts, will the dawn break.
The wind wafts.

김 규 환
Kim, Gyu Hwan

* 「영문으로 번역된 시」

* 2019년 문재인 대통령 주관 국외 안장 독립유공자 유해봉환식에서 군악대 〈님이 오시는지〉 연주

솔맡은 꽁꽁꽁는 강가를 돌아
갈숲에 이는 바람 그게 발자취일까
흐르는 물소리 임의 노래인가
내마음 외로와 한없이 떠돌고
새벽이 오려는지 바람만 차오네
백합화 꽁꼭 눈들녘을 지나
갈빛 먼길 내 임이 오시는가
들숲에 백발치마 끌고 오는소리
꽃향기 헤치고 임이 오시는가
내마음 떨리어 끝없이 헤매고
새벽이 오려는지 바람이 이네
바람이 이네

갈빛 먼길 님이 오시는가
박은호 작사 김주환 작곡 임이 오시는지

기축여름 심호 오명순

*광주비엔날레 심호 오명순 서예가의 출품작